MW01640236

Nik

# Gaturro

Ga-two-rro
2

Nik
Gaturro 2.- 11ª. ed.- Buenos Aires : Ediciones de la Flor, 2010.
96 p. ; 20x14 cm.

ISBN 978-950-515-738-9

1. Humor gráfico argentino. I. Título
CDD A867

Diagramación: Christian Argiz I argiz-drager.com.ar

Undécima edición: enero de 2010


Gorriti 3695, C1172ACE Buenos Aires, Argentina.
www.edicionesdelaflor.com.ar

Hecho el depósito que dispone la ley 11.723
Impreso en la Argentina
*Printed in Argentina*

¡¡ARRIBA, GATURRO!! ¡ES EL PRIMER DÍA DE CLASES!
¡¡NO VOY NI LOCO!!
¡¡VAMOS, GATURRO!! ¡¡AL COLE!!
¡¡NO, NO y NO!!
¡¡CLAVO LAS UÑAS ACÁ Y NADIE ME MUEVE!!
Hoy
Primer día
¿GATURRO?
PRESENTE
Nik

COMENZARON LAS CLASES... A PARTIR DE AHORA, A PASAR HORAS Y HORAS EN EL COLEGIO...
ESTOY MEDIO BAJONEADO...
AGUSTÍN ESTÁ BAJONEADO...
LUZ ESTÁ BAJONEADA...
Y LOS PAPIS...
PEREÉ-PE-PE-PEÉ... PEREE-PE-PE-PEEÉ...
NIK

GATURRO ¿YA TENÉS TODO PARA EL COLE?
A VER... EL GUARDAPOLVO
LA MOCHILA
LOS LIBROS
LA CARTUCHERA
LA MANZANA
SIEMPRE ME OLVIDO LO MISMO: LAS GANAS

CUANDO ESTABA DE VACACIONES ME SENTÍA LIVIANITO, COMO SI TUVIERA ALITAS EN LOS PIES, FLOTABA EN EL AIRE...
TÍN
TÍN
TÍN
PERO ESTA SEMANA, NO SÉ... ALGO CAMBIÓ...
¡¡LISTO, GATURRO!! ¡¡AL COLEGIO!!
CEMENTO
ARMADO
Nik

28
+4
7
Z
Z
ZZ
TAC
TAC
TAC
TAC
¡¡ PRÉSTEME ATENCIÓN, GATURRO!!
¡¿ PERO POR QUÉ NO ME PRESTA ATENCIÓN?!
CRACK
ES QUE LA ÚLTIMA VEZ QUE LA PRESTÉ, NO ME LA DEVOLVIERON MÁS...
Nik

ALUMNOS... SOY EL PROFE DE GIMNASIA, VAMOS A HACER ESTIRAMIENTO, ABDOMINALES, FLEXIONES...
¡¡AY, MAMITA QUERIDA!!
¡¡VAMOS... 1, 2, 3, CUÁ... 1, 2, 3, CUÁ...!!
A ESTA HORA NO PUEDO LEVANTAR NI LOS PÁRPADOS
¡¡AHÍ VA ... OTRA SERIE... ARRIB... ABAJ, ARRIB...ABAJ!!
ME CANSO DE ESCUCHARLO NOMÁS...
¿Y LAS FLEXIONES, GATURRO? ¡¡ESTÁ INMÓVIL!!
¿EH?
¿FLEXIONES? NOOOO... YO PREFIERO HACER REFLEXIONES...
Nik

ÁGATHA
¿ QUÉ, GATURRO?
¿ QUÉ ES PEOR ? ¿ LA IGNORANCIA O LA INDIFERENCIA ?
NO SÉ NI ME IMPORTA...
Nik

ÁGATHA... MI DUEÑA CUMPLE AÑOS Y NO SÉ QUÉ REGALARLE... ¿QUÉ ME RECOMENDÁS?
¿PENSASTE EN ALGO DE AUSTER, DE JOYCE, DE KAFKA, DE PROUST, DE KUNDERA, DE SCHOPENHAUER...?
AH, NO SÉ... DE MARCAS DE ROPA YO MUCHO NO CONOZCO...
Nik

¡TOING!
¡UN MOMENTO, COMPAÑERAS! ¿POR QUÉ SALTAMOS NOCHE A NOCHE SIN NINGÚN BENEFICIO?
¡ESO!
¿POR QUÉ?
¿QUÉ SOMOS? ¿OVEJAS PROLETARIAS? ¿POR QUÉ TODOS DUERMEN Y NOSOTRAS NO TENEMOS DESCANSO?
¡¡SÍ!!
¡BASTA!
¡VAMOS A DECRETAR UN PARO POR SUEÑO INDETERMINADO! ¡¡DESPERTEMOS DE UNA VEZ!!
MEEEEE...
MEEEE
MEEEE...
PARO
SINDICATO DEL SUEÑO
ÁGATHA... ¡TENGO INSOMNIO GREMIAL! ¡LAS OVEJITAS ME HICIERON HUELGA Y NO PUEDO DORMIR!
GATURRO... ADOPTÁ LOS PRINCIPIOS DEL CAPITALISMO SALVAJE: OVEJA QUE PARA, OVEJA QUE SE VA... ¡¡Y TOMÁ EMPLEADOS NUEVOS!!
Nik

MIRÁ, GATURRO... ¡UNA ESTRELLA FUGAZ!
PEDÍ TRES DESEOS
YA ESTÁ

ÁGATHA...
GRABEMOS PARA SIEMPRE NUESTRO AMOR... ¡¡HAGAMOS ● REC !!
DEJÁ DE HACER ◀◀ REW MIRANDO AL PASADO... HAGAMOS ▶▶ FW HACIA EL FUTURO...
¡¡ BASTA, GATURRO !! ¡¡ ■ STOP, II PAUSE !!
NO, PLIS... ¡¡ APRETEMOS ▶ PLAY !!
TUMP
SIEMPRE TERMINO CON UN ⏏ EJECT
Nik

GATURROU... VOLVIÓ EL BRUTISH ENGLISH
NOU, PLIS!!
CÓMO SE DICE "CANCÁN"
DOGDOG
CONSUELO
WITH FLOOR
ABADEJO
I DON'T LIKE ABBA
BALIZA
GOES FLAT
CAROZO
EXPENSIVE BEAR
ALABAR
TO WASH
CONSUMAR
WITH YOUR SEA
HASTÍO
DO, UNCLE!
ALBINO
TO THE WINE
EXPEDITO
PASO
ETÉREO
2 PARLANTS
CANDIDATO
DOG SAY DATA
APOYO
TO CHICKEN
BIZARRO
I SEE YOUR TEETH
LA ÚLTIMA, GATURRO. ¿CÓMO SE DICE: "NARIZ"?
MMM... NO SÉ
SÍ... "NOSE" ¡¡AL FIN PEGÓ UNA!!
?

A VER, GONZÁLEZ...
(32 % 4) x 3
24
MACHADO...
(7 x 2) + 4
18
GATURRO...
(21 x 3) % 5
50243798
¿ÉSE ES EL RESULTADO?
NO, ES EL TELÉFONO DE MI CONTADORA...
Nik

ME VIENE UN ESTORNUDO... AT... AT... AT...
AAAAAAH...
OTRA VEZ... AT... AT... AT...
AAAAAAH... AT... AT... AT...
ATCHÚ
NO SIEMPRE FUNCIONA
Nik

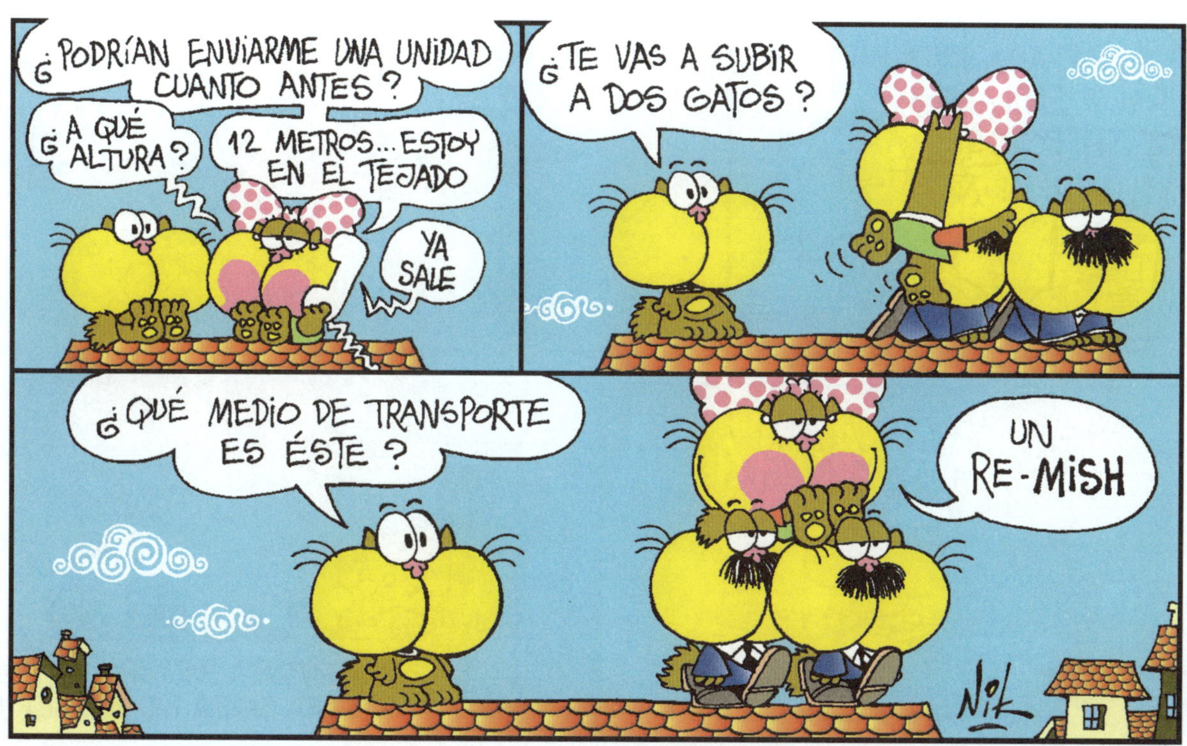
¿PODRÍAN ENVIARME UNA UNIDAD CUANTO ANTES?
¿A QUÉ ALTURA?
12 METROS... ESTOY EN EL TEJADO
YA SALE
¿TE VAS A SUBIR A DOS GATOS?
¿QUÉ MEDIO DE TRANSPORTE ES ÉSTE?
UN RE-MISH
Nik

A ÁGATHA LA VOY A IMPACTAR CON MI ENTRADA HEROICA A LO TARZÁN
AHÍ VOY... AAAAAAAH...
¿?
¡¡HOLA ÁGATHAAAAA
AAAAAAAAAAAAA
ZUUUUUUM
LA ENTRADA FUE HEROICA. ESO SÍ, LA SALIDA FUE PATÉTICA
NIK

ALUMNOS... SOY LA PROFESORA RUDA VINAGRETI Y SEGUIMOS CON LA CLASE DE LENGUA
Sintaxis
ortografía
JE, JE... LENGUA A LA VINAGRETI
POR EJEMPLO... ESTÁN LOS SINÓNIMOS
casa
hogar
ESTÁN LOS ANTÓNIMOS
negro
blanco
¿Y ESTÁN LOS...?
ME PARECE QUE "ANÓNIMOS" NO ERA...
BOLETÍN:
0
(cero)

PERVERSO
CÍNICO
MAQUIAVÉLICO
FARSANTE
PREPOTENTE
NECIO
EXPLOTADOR
HIPÓCRITA
SOBERBIO
¡NESCRUPULOSO
PSICÓPATA
OBSESIVO
VIL
NADA HA APORTADO MÁS A ENRIQUECER NUESTRO VOCABULARIO QUE LOS SINÓNIMOS DE "JEFE"
Nik

A VECES TENGO LA SENSACIÓN DE QUE UNO PASA CADA VEZ MÁS TIEMPO DENTRO DE LA OFICINA...
EXPRESS
CAFÉ
CAFÉ CORTADO
CAFÉ EXPRESSO
CAPUCCINO
TÉ
SANDWICH
TARTA
YOGUR
GALLETITAS
PAPAS FRITAS
ALFAJOR
ENSALADA
CHOCOLATE
PASTILLAS
ENJUAGUE BUCAL
DENTÍFRICO
CEPILLO DE DIENTES
PIYAMA
SÁBANAS
ALMOHADA
TOALLA
DESODORANTE
JABÓN
LAVE-ROP
SECADOR

GOOD MORNING, PUPILS...
GOOD MORNING, MRS. VINAGER
LESSON NUMBER TWO...
My father has a car
VERY GOOD, LÓPEZ
I have a pencil
VERY GOOD, JÁUREGUI
AND GATURROU? WHERE IS GATURROU?
The cat is under the chair
NIK

HOY ESTOY CHUPAMEDIAS. LE VOY A REGALAR UNA MANZANA A MI MAESTRA...
ATENCIÓN, GATURRO ¡LO VOY A FLECHAR A PREGUNTAS!
¿ME VA A FLECHAR? ¡ENTONCES ME LA PONGO TIPO GUILLERMO TELL!
GATURRO ¡¡BASTA DE HACER PAYASADAS!! ¡¡O LO VOY A ASAR AL HORNO!!

A, ANTE, BAJO, CABE, CON, CONTRA, DE, DESDE ...
...EN, ENTRE, HACIA, HASTA, PARA, POR, SEGÚN, SIN, SOBRE, TRAS
NO, GATURRO... ¡PROPOSICIÓN! ¡¡TE PEDÍ QUE ME HAGAS UNA PROPOSICIÓN!!
Nik

LA VOY A ENCANDILAR A ÁGATHA CON MIS DESTREZAS FUTBOLÍSTICAS... JE... ¡A LA PELOTITA!
¡QUÉ WINNER! ¡¡YA LA ESTOY ASOMBRANDO CON MI JUEGO!!
CABEZA
TAQUITO
CHILENA
RABONA
¿Y? ¿ME QUERÉS?
¡SOS UN ZOQUETE!
¡¡QUÉ BUENA DEFENSA TIENE ÁGATHA!! ¡¡RECHAZA TODO!!
TONG!
Nik

Y, SÍ... HAY DÍAS EN QUE UNO ESTÁ CON CARA LARGA...
PERO BUÉ... HAY QUE HACED UN ESFUEDCITO POD VERSE MEJOD...
Nik

ÁGATHA... GATURRO ES UN BUEN CHICO...
¡ES UN POBRE GATO! ¡NO LE DES NI LA HORA!
SIEMPRE ESTUVO CON VOS, MERECE UNA OPORTUNIDAD
¡¡ SEGUILE HISTERIQUEANDO, Y QUE SUFRA !!
BUENO ¡¡ BASTA DE LA VOZ DE LA CONCIENCIA !! NECESITO ALGUIEN NEUTRAL QUE ME AYUDE A DECIDIR...
ÁGATHA...DALE BOLA A GATURRO...
OH ¡¡ DIOS MÍO !!
ODIO ESTOS RECURSOS ... PERO LA NECESIDAD TIENE CARA DE HEREJE
Nik

¡ODIO A LA PROFESORA RUDA VINAGRETTI! ¡ODIO ESTUDIAR! ¡ODIO EL COLEGIO!

HOLA, CHICOS... HOY FALTÓ LA PROFESORA, YO SOY LA MAESTRA SUPLENTE

¡¡ME ENAMORÉ!!
¡AMO ESTUDIAR
¡AMO LA ESCUELA!

COMENCEMOS... A VER, UD. ¿CUÁL ES LA DISTANCIA MÁS CORTA ENTRE DOS PUNTOS?

Un beso, chuchi

¿QUÉ SABE EL MANUAL DE GEOMETRÍA DE LAS TANGENTES DEL CORAZÓN?
DIRECCIÓN
1
(uno)
Nik

CHICOS... HOY NOS VISITA EL INSPECTOR... VINO A CONTROLAR LA ESCUELA

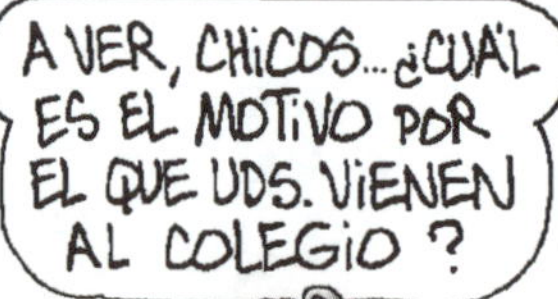
A VER, CHICOS... ¿CUÁL ES EL MOTIVO POR EL QUE UDS. VIENEN AL COLEGIO ?

PARA ESTUDIAR Y SABER CADA VEZ MÁS...
MUY BIEN...
PARA APRENDER Y SER UN BUEN PROFESIONAL EN EL FUTURO...
MUY BIEN...

¿ Y UD., GATURRO ?

Para levantarme a la maestra suplente

NO SÉ SI ME EXPULSARON POR EXCESO DE SINCERIDAD O PORQUE LE SAQUÉ LA IDEA AL INSPECTOR...
Nik

¡¡ME ENAMORÉ DE MI MAESTRA SUPLENTE!! ¡Y HOY CON ESTE REGALITO, LA MATO!
¡¡EL RECURSO DE LA MANZANA NO FALLA... ES INFALIBLE!!
GATURRO... LO SUYO ES UN DESASTRE TOTAL ¡¡NO ESTUDIA Y ENCIMA LLEGA TARDE!!
¡¡SE HACE LA ENOJADA PERO ESTÁ CONMIGO!!
¿QUÉ TIENE AHÍ ATRÁS? ¿QUÉ ESCONDE?
CON ESTO LE ABLANDO EL CORAZÓN ¡LA DESTROZO! ¡WINNER! ¡CHAMPION!
¿¡¡UNA MANZANA MORDIDA?!!
¡¡VAYA A LA DIRECCIÓN!!
ES QUE A MÍ EL AMOR ME PONE MUY ANSIOSO...
DIREC-CIÓN
Nik

GATURRO...
¿VOS SOS FELIZ?
MUY FELIZ, ÁGATHA.
INMENSAMENTE FELIZ...
TUMP
AAAAAA
AHORA ME SIENTO MEJOR... ESA ENFERMIZA FELICIDAD AJENA NO ME DEJA CONVIVIR CON MI SANA ENVIDIA
Nik

ÁGATHA... PARA MÍ SOS ESPECIAL, SOS ÚNICA, IRREPETIBLE, SIN IGUAL, OMNIPRESENTE, ORIGINAL, NO HAY OTRA COMO VOS, SOS TODO...
YA LO SÉ, GATURRO... ¡QUÉ PESADO! ¡ANDATE!
FUSH
FUSH
FUSH
JE...
GATURRANTA... PARA MÍ SOS ESPECIAL, SOS ÚNICA, IRREPETIBLE, SIN IGUAL, OMNIPRESENTE, ORIGINAL, NO HAY OTRA COMO VOS, SOS...
Nik

¡CÓMO CAMBIÓ TODO INTERNET!
ANTES EL PERRO TE TRAÍA EL DIARIO A LA CAMA...
¡¡ AHORA TE TRAE LA LAPTOP !!
Nik

HAY RELATORES DE FÚTBOL...
RELATORES DE TENIS...
DE RUGBY...
CUIDADO CON EL BACHE... DOBLÁ EN ÉSTA ¡¡ NO !! ES LA OTRA... ¿QUÉ HACÉS? GUARDA EL PERRO... ANDÁ MÁS DESPACIO... ¿ESTÁS SEGURO DE QUE ES POR ACÁ? ¡ UYY! ¡EL SEMÁFORO! DEJÁ PASAR A LA SEÑORA... FRENÁS MUY DE GOLPE... DALE QUE NO LLEGAMOS
LO QUE NO SABÍA ES QUE HUBIERA RELATORAS DE MANEJO
Nik

EN EL MUNDO ACTUAL ES MUY IMPORTANTE SABER CHINO... ¿ESTUDIÓ CHINO, GATURRO?
CHI...GATITO ETUDIAL, PLEGUNTÁ NOMÁ...
¿CÓMO SE DICE "PARADO"?
MUY VERDE
POLÍTICO
CHINCHILLA
REBELDE
CHANG-TUNG
MATRIMONIO
TANGO
BORRACHO CAÍDO
KE-AWANG-TE
CHÁN-CHÁN
MA-MAO-TSE-TUMB
SE EQUIVOCA
CANTANTE SIN ÉXITO
MAL OLOR
I-CHINGA
CHAU FAN
KE-TOFU
SUEGRA
ENOJADO
ABRAN PASO
COMPLICADO
LIN-CHENG-LÁ
TAEN-CHIN-CHAO
KO-YAN-SENG
KUNG-FU-SO
GATURRO... ¡¡TIENE UN CERO!!
Y PARA COLMO ¡¡ME PUSO UN CERO ORIENTAL!!
NOTA:
0
cero!!

AHORA A GATURRO SE LE DIO POR EL CHAT ... ¿QUÉ TE PASA? ¿QUÉ ANGUSTIA TENÉS HOY, GATURRO?
TIC TIC TIC
VOS ME RECHAZÁS, ÁGATHA...
TEC TEC TEC
LOS DEMÁS ME DAN VUELTA LA CARA...
SIENTO QUE TODOS, ABSOLUTAMENTE TODOS...
... ME DAN LA ESPALDA
TEC TEC TEC
NIK

AYER EMPECÉ EL GIMNASIO, ÁGATHA
¿Y QUÉ TAL TU PRIMER DÍA?
HICE 30' DE CINTA
40' DE BICICLETA FIJA
¿Y ALGÚN APARATO PARA COMPLEMENTAR?
HORA Y MEDIA DE PULMOTOR
Nik

8952 MTS.
HOY NO
¿Y CÓMO DECÍS QUE TE SENTÍS CADA VEZ QUE ME INVITÁS A SALIR?
Nik

TOING
TOING
TOING
AAAH... ¡¡ UN "MAIL" PARA MÍ !!
BUZÓN
TOING
TOING
TOING
ZUUUUUiiiP !!
BUZÓN
BUZÓN
OH-OH...
VINO CON
"SPAM"
Nik

HACE UN TIEMPO VIVÍAMOS EN UNA SOCIEDAD OCCIDENTAL
ZAP
ZAP
ZAP
PANG
BOOOM!
CRASH
PUF
AHORA VIVIMOS EN UNA SOCIEDAD ACCIDENTAL
Nik

¡¡ÁGATHA... HOY SIENTO QUE ME VA A PASAR ALGO!!
OTRA VEZ...
ESTOY MEDIO PÁLIDO... ¿ME IRÉ A DESMAYAR? ME DUELE EL ESTÓMAGO... ¿TENDRÉ UNA ÚLCERA?
SIENTO PALPITACIONES... ¿SERÁ HIPERTENSIÓN? RESPIRO MAL... ¿TENDRÉ ASMA?
GATURRO... ME PARECE QUE VOS SOS UN POQUITO HIPOCONDRÍACO...
¡¡AY, NO!! ¡¡ADEMÁS DE TODO LO QUE TENGO... ...ENCIMA ESO!!
Nik

LA VIDA ACTUAL
TE VUELVE
CICLOTÍMICO...
¿ SERÁ EL
ZAPPING
DEL ÁNIMO?
Nik

MI LEMA ES: "MATEMOS A LA COMPETENCIA"
¿QUÉ ESTÁ HACIENDO LA COMPETENCIA?
PUBLICIDAD TELEVISIVA, PROMOCIONES, VÍA PÚBLICA, MARKETING DIRECTO, AVISOS... ¡ESTÁN EN TODAS PARTES!
¿Y NOSOTROS QUÉ ESTAMOS HACIENDO?
NADA
ENTIENDO, LA ESTAMOS MATANDO CON LA INDIFERENCIA...
Nik

Gaturro
Management
¡NO AGUANTO MÁS A GARQUETTI! ¡ES UN JEFE CRÁPULA! ¿QUÉ SOMOS? ¿ESCLAVOS O SIRVIENTES?
¡EPA!
¡YO VOY Y SE LO DIGO! ¡¿SOMOS EXPLOTADOS O IDIOTAS ÚTILES?!
¡VAMOS!
¿OPRIMIDOS O EXPRIMIDOS?
¡ESO!
¿SIERVOS O VASALLOS?
¡ÍDOLO!
TUM TUM TUM
¡QUÉ LÍDER!
AH, ALDOPETTI... ¿ME QUERÍA DECIR ALGO?
CAPO
¿CAPUCCINO O DESCAFEINADO, SEÑOR?
Nik

1ero: COLCHONETA
2DO: TABLA DE PLANCHAR
3ero: 15 PASITOS
...12
...13
...14
4to: ENVIÓN
PiiiiUUM!!
TEK
TEK
TEK
TÍN
TÍN
Y 5to: RECUERDEN HACERLO AL AIRE LIBRE
Nik

ÁGATHA... CUALQUIER GATO QUE SE PRECIE SE PONE A CANTAR Y MAULLAR EN PLENA MEDIANOCHE...
¡¡YO NO VOY A SER MENOS!!
MiiiiiAAAAUUUU
¡¿QUÉ LE TIRO?!
¡¿QUÉ LE TIRO?!
DECIME ALGO, GATURRO
PUEDE DEJAR SU MENSAJE DESPUÉS DE LA SEÑAL...
Piiiiiiii
Nik

HOLA AGATHITA
AAAAAA
NUNCA LA VOY A ENTENDER...
AAAAAAH
AYER ME DIJO QUE EN UN HOMBRE LO QUE BUSCABA ERA UN BUEN FÍSICO
Nik

Aquí comienza el horario
de protección al soñador.
La permanencia del sueño
frente a su inconsciente queda bajo
vuestra exclusiva responsabilidad.
Muchas gracias.
Nik

¿Y AHORA QUÉ PASA?
¡¡ GATURRO SE AGARRÓ DE LA PARED Y ES IMPOSIBLE SACARLO !!
DEJÁMELO A MÍ... ¡¡ ESTE GATURRO PRONTO VERÁ LA CALLE !!
GRRRRRR
NO SÓLO GATURRO...
Nik

TE DOY UN CONSEJO QUE APLIQUÉ MUCHAS VECES... ¡¡ SI HAY ALGO QUE NO TENÉS GANAS DE HACER, SIMULÁ FIEBRE !!
ACORDATE ... ¡¡ SIMULÁS QUE TENÉS FIEBRE ... Y SE ACABARON TODOS TUS PROBLEMAS !!
GATURRO... ¡¡ HOY TE TOCA BAÑARTE !!
¡¡ VAMOS... EL BAÑITO !!
PERO... ¡¿ QUÉ ES ESTO ?!
FIEBRE DE SÁBADO POR LA NOCHE...
Nik

¡¡ME VOY A QUEDAR ACÁ HASTA QUE ME DES BOLA, ÁGATHA!! ¡¡PORQUE TENGO UNA VOLUNTAD DE HIERRO!!
BUENO...
TUMP!
¡JA!
¿QUE TE PASÓ? NO AGUANTASTE NI 30 SEGUNDOS
ES QUE SE ME ESTABA OXIDANDO LA VOLUNTAD...
NIK

Ay, el amor...
NO
¿ JUSTO A MÍ ME VIENE A TOCAR EL ESLABÓN HISTÉRICO DE LA CADENA BIOLÓGICA?
Nik

CRUNCH
CRUNCH
CRUNCH
TUMP
CONECTADO
A CENTRAL
DE ALARMAS
CAT-OUT
PERROS POLICÍA
Nik

¡¡JE...JE... AHORA SÍ ME VAS A DAR BOLA, ÁGATHA!!
AAAAAAAH
¿QUÉ ESTÁS HACIENDO, GATURRO?
¿EEH? AAH... NO, NADA... ESTABA ARREGLANDO LA ANTENA...
Nik

...Y SI NO REENVÍA ESTE MENSAJE A 20 PERSONAS TENDRÁ VARIOS AÑOS DE MALA SUERTE...
Nik

¡¡ ÁGATHA !!
¿QUÉ ?
¿CARA o CECA ?
CARA
TOING
¡ ÑAC !!
¡CLINK!
¡¡ CHAU, ME VOY A COMPRAR ALGO !!
EFECTIVAMENTE... ¡¡ ME SALIÓ CARA !!
Nik

¿QUÉ HACÉS, GATURRO?
TRATO DE COMUNICARME CON EL ESPÍRITU DE MIS ANTEPASADOS...
MMMMMMMMm...
¿Y? ¿RECIBISTE ALGÚN MENSAJE?
SÍ... "EL ESPÍRITU QUE UD. DESEA ALCANZAR SE ENCUENTRA APAGADO O FUERA DEL ÁREA DE COBERTURA"
Nik

PST... ¡ÁGATHA!
SI LLORAS PORQUE PERDISTE EL SOL, LAS LÁGRIMAS NO TE DEJARÁN VER LAS ESTRELLAS...
¡¡ DIOS MÍO !! ¡¡ QUÉ CURSI !!
NO HAY CASO... NI DESDE ACÁ ABAJO LOGRO SER MÁS PROFUNDO...
Nik

CUAC... CUAC...
CUAC... CUAC... CUAC...
!

GUAU... GUAUUU...
GRRRRR... GUAU...
GUAU...
?

MUUU... MUUUUUU...
MUUUUUU...
ÁGATHA...
¿QUÉ ESTÁS
HACIENDO?

QUIERO SER AZAFATA,
Y ESTOY ESTUDIANDO
IDIOMAS...
OINK
OINK
OINK
Nik

ÁGATHA... TENGO EL CORAZÓN
CON AGUJERITOS... CADA
VEZ QUE ME RECHAZÁS
ME HACÉS UNA NUEVA
PERFORACIÓN...

¿AH, SÍ? ¿Y ESTÁ MUY
AGUJEREADO, CHE?

MIRÁ CÓMO SERÁ QUE YA
NO ME BOMBEA LA SANGRE,
AHORA LO USO DE COLADOR
Nik

ALGUNA VEZ TE TENÍAMOS QUE BAÑAR, GATURRO... ¡¡ A LA DUCHA !!
¿ PERO ÉSTE NO SABE QUE LOS GATOS SOMOS HIDROFÓBICOS ?
Nik
FFSSHHJJSHH
¿ LAVADO EN SECO, TIENEN ?
TINTORERÍA

PAPI... HOY DESCUBRÍ 2 COSAS: SI CEPILLÁS MUCHO EL PELO SE CREA ELECTRICIDAD ESTÁTICA...
¡MUY BIEN! ¿Y QUÉ MÁS DESCUBRISTE?
QUE NO CONVIENE HACERLO EN UN GATO...
Nik

ALUMNOS... HOY VEREMOS CÓMO LES FUE CON LA GERMINACIÓN DEL POROTO...
A VER, BAIGORRIA... ¿UD. QUÉ HIZO?
PUSE LOS POROTOS AL SOL...
¿UD., RIZZO?
LOS HUMEDECÍ
¿Y UD., GATURRO? ¿QUÉ HIZO?
ME COMÍ UN GUISO
Nik

GATURRO... ¿YO QUÉ SOY PARA VOS?
ÁGATHA... PARA MÍ SOS MI MARYLIN MONROE
SOS MI PAMELA ANDERSON
SOS MI LARA CROFT
¿Y YO QUÉ SOY PARA VOS?
¿QUICO?
Nik

GATURRO... ¿QUÉ ES LO PRIMERO QUE MIRÁS EN UNA MUJER?
LAS MANOS
¿AH, SÍ? ¿Y LO SEGUNDO?
¡BRZRBZATMIROLABRZTMN..
POR ESO YO PRIMERO SIEMPRE MIRO LAS MANOS
Nik

CADA DÍA ESTAMOS MÁS PARANOICOS
NOS LLENAMOS DE TRABAS, LLAVES, ALARMAS...
DESCONFIAMOS DE TODO EL MUNDO...
MIRAMOS POR EL ESPEJITO SI ALGUIEN NOS SIGUE
NOS DESPERTAMOS ANTE CUALQUIER RUIDITO
¡¿Y UD. QUIÉN ES?! ¡¿QUÉ ME ESTÁ MIRANDO?!
Nik

GATURRO ¿QUÉ HACÉS EN MI CAMA? ¡¡ SALÍ YA POR LAS BUENAS...!!
¡AY... QUÉ MIEDITO...!
¡¡ O VAS A SALIR POR LAS MALAS !!
UUUUH... ¡MIRÁ CÓMO TIEMBLO!
A LA 1, A LAS 2, Y A LAS...
LERO, LERO... NO ME MUEVO
¿AH, CÓMO? ¿EL CONTEO NO ERA HASTA 10?
Nik

NO HAY DUDAS... EL DEL AUTO ROJO ES DE LA NUEVA GENERACIÓN
Nik

HAY QUIENES LES ENCANTA LA ÓPERA...
OTROS SE DELEITAN CON LA MÚSICA CLÁSICA...
PERO DIGAN LA VERDAD, ¿HAY UN SONIDO MÁS MARAVILLOSO QUE ÉSTE?
HOY ES VIERNES Y FALTÓ LA MAESTRA...
AAAH... ¡¡QUÉ SINFONÍA EXCELSA!!
NIK

EL OTRO DÍA NOS LLAMÓ EL DIRECTOR DEL COLEGIO Y...
¡¡ AAAH... ESO ME HACE ACORDAR UNA VEZ QUE...
...ESTÁBAMOS EN 2º AÑO CON EL GORDO LÓPEZ Y LE INVENTAMOS UNA CANCIÓN AL RECTOR DEL COLEGIO, QUE ERA PELADO, Y LE CANTÁBAMOS:
"EL PELADO... BARABINI... ERA UN TIPO ... MUY
2
5
3
4
NO, NO ES QUE LE PONEN PUNTAJE A LAS ANÉCDOTAS... ¡¡ 2534 ES LA CANTIDAD DE VECES QUE YA LA CONTÓ !!
Nik

TIN
TIN
TIN
AY, GATURRO... SIEMPRE CON ESE CORAZONCITO TAN RIDÍCULO...
ES QUE ESTE CORAZONCITO, ÁGATHA, ESTE CORAZONCITO SÓLO LATE POR VOS...
TU-TUM
TU-TUM
TU-TUM
BUENO, BASTA... YO NO TE QUIERO
TU-TUM
¡PUF!
¡¡¡CRACK!!!
VAMOS, CIRCULEN, CIRCULEN...

LE VOY A PONER UN CERO EN INGLÉS, GATURROU !!
PLIS, MRS. VINAGER! GIME ME SOME CHANGÜÍ !!
¡¡ TODOS SUS COMPAÑEROS TIENEN BUENAS NOTAS !!
SUCK SOCKERS!! (CHUPAMEDIAS!)
¡¡ VA A TENER QUE PELARSE LAS PESTAÑAS ESTUDIANDO, GATURRO !!
UFFF... I DON'T WANT MORE TIT...!! (NO QUIERO MÁS LOLA !!)
¡SÓLO LE VOY A DAR UNA OPORTUNIDAD MÁS!
Little hair for the old woman
WHAT?
PELITO PA' LA VIEJA
NIK

GOOD MORNING, PUPILS... VOLVIERON LAS CLASES DE INGLÉS...
UF... LA PESADILLA RETURNS...
¿CÓMO ESTÁ, GATURRO? ¿LISTO PARA UN INTERROGATORIO?
VERY HOT DOG...! (LO MÁS PANCHO!)
¿QUIERE DECIRME ALGO EN INGLÉS ANTES DE QUE LE PONGA EL CERO?
THE GREAT SEVEN !! (LA GRAN SIETE !!)
The old teacher doesn't give me "your aunt"
¿QUÉ SIGNIFICA ESO, GATURRO?
LA VIEJA NO ME DA TUTÍA

ALUMNOS...HOY VEREMOS LAS AFECCIONES QUE PADECEMOS LOS HUMANOS
SI UN SEÑOR TIENE DOLOR DE CABEZA, PADECE CEFALEA...
SI UN CHICO TIENE GRANITOS EN LA CARA, PADECE ACNÉ...
Hoy: afecciones humanas
POR EJEMPLO ... LA PROFESORA USA ANTEOJOS ¿QUÉ PADECE LA PROFESORA, GATURRO?
ÉSA LA SÉ...
Padece una lechuza
Nik

DALE, AGATHITA, PORFI... ¡¡ENAMORATE DE MÍ...!!
AY, GATURRO...
TOING TOING TOING
NO TENÉS MÚSCULOS, NO SOS GUAPO, NO SOS FASHION...
TONG
NO TENÉS CARISMA, NO SOS GANADOR, NO SOS FUERTE NI RECIO, NO SOS SEXY...
¿QUÉ ME PUEDE ENAMORAR DE VOS, GATURRO?
¿NOTASTE EL HOYITO QUE SE ME HACE EN LA MEJILLA CUANDO SONRÍO?
Nik

PAPI... PARA EL DÍA DEL NIÑO YO QUIERO UNAS ZAPATILLAS DEPORTIVAS...
YO QUIERO UN PAR DE JUEGUITOS PARA LA COMPU...
para mí, la bici
¿PERO QUÉ PEDÍS VOS, GATURRO? VOS NO SOS UN NIÑO, SOS UN MININO...
para mí, la bici
LO VOY A DENUNCIAR POR DISCRI-**MININA**-CIÓN INFANTIL...
TOING
Nik

BUENO...
VOY A PEDIR ...
EEEEEEEEEEH...
Menú
Nik

GATURRO... ¿ME FIRMÁS UN CHEQUE EN BLANCO?
TÍ...
¿PONÉS TU CASILLA A MI NOMBRE?
TÍ
¿EXTENSIÓN DE TARJETA?
TÍ
¡¡QUÉ FACILONGO SOS PARA CONVENCER!! ¡CHAU, TONTÍN!
SOY EL FAMOSO GATILLO FÁCIL
Nik

A VER, GATURRO...
¿EMPEZAMOS?
VAMOS...
UN PROBLEMA, DOS PROBLEMAS, TRES PROBLEMAS, CUATRO PROBLEMAS...
...CINCO PROBLEMAS, SEIS PROBLEMAS.
BUENO, LISTO... ¡¡CHAU!!
¡¡QUÉ GENEROSA ES ÁGATHA!! CADA VEZ QUE TENGO PROBLEMAS PUEDO CONTAR CON ELLA...
Nik

ALUMNOS... HOY TRABAJAREMOS CON IMÁGENES
¡SONAMOS!
A VER, GATURRO... ¿QUÉ VE ACÁ?
LA FAMOSA GORDA VISTA DE ATRÁS SUBIÉNDOSE LA FAJA
¿Y ACÁ QUÉ VE?
UNA UÑA CORTADA
UN KIWI PUNK
UN TENEDOR PINCHANDO UNA NUBE
UN HUEVO FRITO CON MECHA
GATURRO ¡¿SABE QUÉ NOTA TIENE?!
¿EL MEXICANO VISTO DE ARRIBA?

ES QUE YO CREO
EN EL AMOR A
QUINCUAGÉSIMA
VISTA
Nik

NO QUIERO IR AL COLEGIO... QUIERO DORMIR, QUIERO DORMIR, QUIERO DORMIR...
7:02
¿QUÉ HACÉS, GATURRO? HOY NO HAY COLE... ¡ES SÁBADO!
ZZZZZ
¡¡SÍ!! ¡HOY ES SÁBADO! ¡SÍÍÍÍÍ!
¡HOY ES SÁBADO! ¡VOY A DORMIR TODO EL DÍA!
TOING
TOING
TOING
TOING
¡VOY A DORMIR! ¡A DORMIR! ¡¡A DORMIIIIIIIIR!!
TONG
TONG
TONG
7:11
ME PARECE QUE TANTO ENTUSIASMO ES CONTRAPRODUCENTE...
12:32
Nik

¡JE! ¡MIRÁ EL NUEVO CELULAR QUE ME COMPRÉ!
¡¡UAU!!
PUEDO SACAR FOTOS, PUEDO IMPRIMIRLAS, PUEDO MANDAR MAILS, PUEDO NAVEGAR EN LA WEB, PUEDO BAJAR MÚSICA, JUEGOS, RING-TONES, PUEDO ALMACENAR TODO EN MI CHIP, PUEDO VER TELE...
¡QUÉ BUENO!
¿Y PODÉS HABLAR?
¿SABÉS QUE NO LES PREGUNTÉ?
Nik

¡AL FIN SE TERMINA LA SEMANA! ¡VUELVO MUERTO DEL TRABAJO!
ESTÁ DESTRUIDO
ESTA SITUACIÓN ES TAN PLACENTERA QUE MERECE SER VIVIDA EN CÁMARA LENTA...
Nik

GATURRO... ¿NO PODRÍAS HABLAR UN POCO MÁS ALTO?
MI CASA ¿EH?
Nik

ÁGATHA... TENGO COMPLEJO DE EDIPO
AAAAAAAH!
NO, ÁGATHA...EDIPO... ÉSE NO SE CURA CON UN SUSTO...
Nik

ALUMNOS... SOY LA PROFESORA CORCHETTI Y LES VOY A DAR MIS CLASES DE MÚSICA
MIENTRAS YO ENTONO "AURORA"... UD, LABIA... ¿QUÉ INSTRUMENTO VA A TOCAR?
EL PIANO, PROFESORA
¿Y UD., REINOSO?
LA FLAUTA, PROFESORA
¿UD., ORTIBELLI?
LA GUITARRA, PROFESORA
¿Y UD., GATURRO? ¿CON QUÉ INSTRUMENTO NOS VA A ACOMPAÑAR?
NIK

¿CÓMO ANDAN LAS CLASES DE MÚSICA, PROFESORA CORCHETTI?
MUY BIEN, LOS CHICOS TOCAN EL PIANO, FLAUTA, GUITARRA...
Y GATURRO AGITA UN ENCENDEDOR CUANDO YO CANTO "AURORA"
¿AH, SÍ?
VEA...
¡ALTA EN EL CIELOOOO AURORA Y
ESO ES SIGNO DE APROBACIÓN, DE CONSENTIMIENTO, DE QUE LE GUSTA...
NO, NO... URGENTE ¡¿DÓNDE ESTÁ LA MECHA?!
NIK

TENGO UN SISTEMA PERFECTO PARA BURLARME DE MI MAESTRA CUANDO ESTÁ DE ESPALDA
TURI-TURI-TURI...
LERO-LERO-LERO...
ÑAKI-ÑAKI-ÑAKI
OH-OH...
¡¡ SE ME CAYÓ EL SISTEMA !!
DIRECCIÓN
TOC TOC TOC
Nik

?
AYER LEÍ QUE LA FELICIDAD ESTÁ EN LAS PEQUEÑAS COSAS
Nik

MIRÁ, GATURRO... ¡ME VESTÍ DE MARILYN MONROE!!
GATURRO... ¡¿DÓNDE ESTÁS?!
EN LA MEJOR UBICACIÓN...
Nik

AH... UNO LLEGA A LA PLAYA Y SE OLVIDA DE TODO, DE TODO...
AY
AY
AY
AY
AY
AY
AY
AY
AY
FSHHHHHHHHH
DE LAS OJOTAS, POR EJEMPLO...
Nik

EL SOL ESTÁ TAN FUERTE QUE PUSIERON UN "BAÑERO CHEF"
¿CÓMO SE LA SACO, JEFE? ¿COCIDITA O A PUNTO?
Nik

EN LA PLAYA LAS PERSONAS SON COMO LOS AUTOS...
UN 0 KM. RECIÉN SALIDO DE FÁBRICA
DESCAPOTABLE CON TECHO CORREDIZO...
UN ESCARABAJO
4×4 TODO TERRENO
CHAPA - PINTURA, EQUIPO DE AUDIO, VIDRIOS POLARIZADOS, PARAGOLPE DE PLÁSTICO Y DOBLE AIR-BAG...
Nik

PANTALLA SOLAR PARA PIEL SENSIBLE, BRONCEADOR, PROTECTOR LABIAL, ACONDICIONADOR PARA EL PELO, CREMA FACTOR 30 PARA LA CARA, GEL HUMECTANTE DE ALGAS MARINAS...
Y DEBAJO ESTÁ MI MUJER...
GLUP
Nik

LAS OLAS Y EL VIENTO...
Y EL FRÍO DEL MAR...
SPLUSH
LO QUE NO ME GUSTA ES EL **ZUCUNDÚN**
Nik

"Allí donde el mar
reposa más calmo, es donde
alcanza su mayor profundidad"
W. Shakespeare
CON RAZÓN ACÁ HAY QUE
ESCUCHAR CIERTAS CHARLAS
DE ORILLA...
Nik

Edición de 8.000 ejemplares impresa en Latingráfica S.R.L.,
Rocamora 4161, (C1484ABC) Buenos Aires, Argentina,
en enero de 2010.